vivre venise

claude roy
lettre au photographe

S'il nous fallait la preuve qu'il ne suffit pas d'un instant pour faire un instantané juste, il suffirait de regarder ton dernier livre sur Venise, Cher Fulvio: ici, chaque image est belle et vraie, neuve comme la première vue, mais nourrie cependant par une longue familiarité. Je dis ton *dernier* livre, parce que je me souviens, il y a vingt cinq ans, d'avoir longtemps rôdé avec toi dans Venise pendant que tu travaillais à ce qui fut ton premier livre, «Venise à fleur d'eau». La Reine des eaux, le labyrinthe liquide, le beau dédale à chats et à échos, tu les connaissais déjà depuis ta petite enfance.

Tu es fils de la lagune et de cette patiente malice humaine qui en fit surgir peu à peu la cité-merveille. La lagune de Goldoni et l'argot des gondoliers, des conducteurs de barges, des artisans des *squeri,* c'est ta langue natale.

Comme un chat de la Sérénissime, pour qui le pont des Soupirs, c'est simplement un chemin commode et familier entre le ciel et l'eau, tu connais «dans les coins» l'échiquier rusé de ta ville, son lacis de routes d'eau, les raccourcis malins, la porte-l'air-de-rien qui ouvre sur un jardin secret. Quand tu photographies ta ville, tu l'as déjà photographiée dix mille fois en toi avant d'avoir tenu un Leica. Tu en connais non pas «par cœur», dans la routine, mais avec le cœur, dans la fraîcheur d'une amitié sans fin, les heures, les moments, les saisons.

Quand tu presses le déclic de ta caméra, après avoir saisi une lumière, un reflet, un mouvement de ta ville, il y a, derrière la *première vue* de l'image que tu captures toute une vie baignée dans la vision de Venise.

Tes amis t'ont vu depuis un quart de siècle partir pour les quatre coins du monde, et en rapporter de beaux livres. Tu as connu les collines d'Ombrie et parcouru les routes d'Andalousie, tu as flâné dans Bruges et Istambul, tu t'es imprégné de l'immense Brésil et de l'austère Mexique. On ne sait jamais vers où tu vas t'envoler. Mais on sait toujours où tu vas revenir. On te retrouve au coin de San Marco et de la Piazzetta, ou bien sous l'Horloge, racontant tes voyages avec beaucoup de gestes et une vivace et heureuse éruption de mots. Et pendant que tu parles de Séville ou de New York, de Rio ou de Beyrouth, je vois ton œil qui «attrape», comme sans y prendre garde, le gras bêta pigeon perché sur l'oreille d'un vieux cheval de bronze ou le reflet d'une jeune fille, sœur de Sainte Ursule, dans une vitre du café Florian: ta ville entre en toi comme l'*acqua alta* entre sur la Riva degli Schiavoni et San Marco: comme on entre chez soi.

C'est cela qu'on sent si fort dans ce Venise-ci, où les centièmes de seconde sont préparés et enrichis par toute une vie, par une longue histoire entre toi et Venise. La dernière fois que je t'ai quitté à Venise, à la porte du Harry's Bar, je suis parti errer dans la ville où, depuis tant d'années j'ai l'impression que, quand on s'y perd, on s'y trouve. Au bout d'une heure de marche, j'ai levé les yeux sur la plaque d'une ruelle que je ne connaissais pas, et j'ai découvert la «*Calle del Amor degli amici*»... «Rue de l'amour des amis»... C'est un beau nom, pour une modeste rue. Un nom qui m'a fait penser à toi, Fulvio, et à cet autre amour, et à cette autre amitié, l'amitié de Venise et de cet amoureux qui n'en finira jamais de «tirer le portrait» de sa bien-aimée - pour nous la faire encore mieux aimer.

Claude Roy

vivre

fulvio roiter

venise

texte de dominique fernandez

éditions mengès

Pour l'édition française 1978 - Editions MENGÈS
ISBN: 2-85620-193-8

Imprimé en Italie.

L'eau. Glauque, noire, rouge, plombée. La matrice originelle de Venise. Un limon boueux, une épaisseur liquide. On oublie trop, devant l'élégance des palais, le cisèlement des architectures, que cette ville est née de la fange, que ses fondateurs, fuyant les barbares qui envahissaient la terre ferme, se sauvèrent au milieu de la lagune, pour y trouver un refuge inaccessible aux Huns. Dédale de passes et d'îlots, à l'abri de la cupidité d'Alaric, d'Attila.

Un refuge stratégique, mais peut-être aussi quelque chose de plus: une protection comme maternelle, dans cet élément pâteux, marécageux, souillé. L'eau de Venise n'est pas une eau claire: c'est une eau consistante, substantielle, une eau prénatale, plasmatique, une matière première. Plus matérielle, a-t-on envie de dire, que les arabesques aériennes découpées dans le marbre translucide des palais.

Les deux plus grands cinéastes italiens, Visconti et Fellini, nous ont livré chacun une manière de voir Venise. Deux visions diamétralement opposées. Visconti, en artiste raffiné, montre dans *Senso* le décor prestigieux construit par les hommes en plusieurs siècles de labeur, d'intelligence et de génie: cet ensemble, unique au monde, de façades, de canaux, de ruelles, d'églises, de places, d'arcades, de festons, d'ogives, de rosaces, connu sous le nom de Venise. Vision classique, portée à son plus haut point de perfection par un grand esthète et un grand patricien, qui aurait pu être le familier des doges. La Venise de Visconti aurait plu à Ruskin, à Proust. Fellini, lui, colosse balzacien, plus sensible aux causes premières et aux forces cachées qui meuvent le monde, a été fasciné par la pâte originelle dont Venise est pétrie. A travers l'eau des canaux, il a vu la boue de la lagune. D'où cette exigence, absurde apparemment mais combien juste et profonde, de reconstituer en studio, pour son *Casanova,* une eau en matière plastique, une eau épaisse, caoutchouteuse, plus vraie que l'eau réelle.

Parmi les plus belles images de Fulvio Roiter, regardez les gros plans de matière noirâtre et verdâtre. Venise a un corps de glaise et de lie. On l'a comparée à Vénus: née de la mer, comme la déesse. Mais la mer qui a formé Vénus est une mer grecque, de perles et de nacre, une mer solaire, irisée, pétillante. La mer de Venise, adriatique, crépusculaire, a les couleurs du bitume et de la poix. Eau lourde, bouche d'ombre prête à reprendre et à rouler dans son limon les hasardeuses constructions dues à l'effort humain.

On serait d'autant plus impardonnable d'ignorer le danger, que la menace aujourd'hui se précise. La mort à Venise a été un beau mythe romantique: actuellement, c'est de la mort de Venise qu'il s'agit. Les chiffres sont terrifiants: en 1950, il y avait 185000 habitants dans le centre historique. Vingt-cinq ans plus tard, on n'en compte plus que 100000. Dans une Europe en pleine explosion démographique, Venise est la seule ville qui se dépeuple. Les Vénitiens vont s'installer à Mestre et à Marghera, les ports de la terre ferme, qui ont des industries et où l'on peut travailler. Ces mêmes industries (la redoutable pétrochimie) sont la cause directe de la ruine, économique et matérielle, de Venise. Non seulement parce qu'elles occasionnent l'exode des habitants et l'abandon des maisons, mais à cause des ravages écologiques provoqués. Assèchement des lagunes pour y construire les usines, les réservoirs, les installations portuaires, ce qui a eu pour conséquence de supprimer le tampon naturel qui absorbait l'eau des hautes marées; pompage des nappes d'eau souterraines, avec pour effet la sape des pilotis et l'affaissement des fondations; pollution destructrice, la combustion des produits pétroliers dégageant de l'anhydride sulfureux, lequel, en se combinant avec l'eau, attaque, désagrège les pierres. D'où l'effritement des statues, des corniches, des façades. D'où l'enfoncement de la ville et la diminution de sa résistance aux poussées des vagues. D'où l'infection délétère des canaux. En 1815, son ami Valdramin proposait à Stendhal un bain de mer au milieu du canal de la Giudecca, avec une petite échelle attachée à la barque. «C'est fort agréable et probablement fort sain.» Aujourd'hui, on s'en tirerait au minimum avec une hépatite virale, un trachome et un empoisonnement généralisé.

Mais l'industrie moderne n'est pas la seule responsable. Dès 1864, dans son *Voyage en Italie* si remarquable, Taine note le grand nombre de rues désertes et délabrées, «où le bas des pilotis, incrusté de coquilles, s'est tellement aminci qu'ils font craindre un effondrement». Bonaparte, en livrant la Sérénissime République à l'Autriche par le traité de Campoformio, avait signé la mort de Venise. Il n'est pas impossible que quelque marée haute, aussi forte ou plus forte que celle de 1966, engloutisse une partie de la ville. Plus probablement, la cité des Doges s'éteindra tout doucement, vidée de ses habitants. Les maisons seront fermées, les rues condamnées. Venise resterait une annexe touristique, un champ de ruines comme la Vallée des Temples aux portes d'Agrigente, le luna-park culturel de la nouvelle agglomération de Mestre-Marghera, où déjà la population a la majorité, qui est devenue le centre politique de la province et où les services publics commencent à se regrouper. Prophétie de Cassandre? Il n'est que de se rappeler le sort de Torcello. A la place des deux églises et des quelques maisons qui nous charment, s'élevait une cité prospère. Première île de la lagune à être habitée, Torcello comptait 20000 habitants au début du XVIe siècle. Puis ce fut l'ensablement des canaux, la malaria, les fièvres, le transfert de la population à Venise. Les constructeurs vénitiens vinrent chercher, dans les ruines des palais et des églises, des morceaux de marbre, de sculptures, de corniches, pour en orner leurs nouveaux édifices. Verra-t-on un jour une fenêtre en ogive du palais des Doges insérée dans la villa d'un industriel de la terre ferme? Ou l'intérieur de l'opéra La Fenice démonté et reconstruit dans l'enceinte d'un cinéma de Mestre?

Nos petits-enfants ne verront plus Venise: c'est un fait presque acquis. Mais, pour le moment, quelle ville encore prodigieusement vivante. On s'en aperçoit quand on la visite en hiver, sans les touristes. Les Vénitiens sont grands, de type nordique, énergiques, marchant vite dans les petites rues, parlant fort entre les murs qui résonnent. Partout une activité débordante, un incessant va-et-vient de pas et de bateaux, une quantité de marchés à l'air libre, de boutiques d'artisans. Même par le brouillard, quand les sirènes et les cloches émettent leurs signaux ouatés à travers l'épaisseur de brume, et qu'on entend les piétons avant de les voir, on est frappé par la vitalité de cette population. Entre la diversité, la fantaisie, l'exubérance des façades, et le dynamisme des indigènes, la correspondance ne laisse pas d'étonner. Ces balcons treillissés de rosaces, ces festons de dentelles gothiques, ces incrustations de porphyre et de serpentine, ces arcades, ces chapiteaux, ces arabesques de marbre et de pierre, ne sont pas une poudre aux yeux folklorique: toute cette architecture luxuriante et inventive est la manifestation même du caractère vénitien.

Au bar, à midi, un bol de vermicelles et du pain trempé dans du vin revigorent les forces stimulées par l'air salin. Ce même air, humide et piquant, qui donnait aux belles Vénitiennes peintes par Giorgione et Véronèse, à Desdémone aimée par Othello, ces cheveux d'un blond flamboyant, teinte obtenue en s'exposant, coiffées d'un chapeau à larges bords sans fond, de longues heures sur les terrasses ensoleillées. Elles se mouillaient la tête avec une éponge imbibée de jus de coing mélangé à du suc de troène. Une recette naturelle, qui prouve, entre mille exemples, à quel point Venise, loin de ressembler à une coquette artificieuse, s'inspirait des lois de la santé et de la simplicité.

Tout aussi sot l'autre lieu commun, selon lequel la Mecque des voyages de noces baignerait dans un clair de lune éternel. Le poète futuriste italien Marinetti, père de Dada et des surréalistes, qui méprisait en Venise le symbole du passé, de l'académisme, du musée, qualifiait les gondoles de «balançoires à crétins». Il n'avait sans doute pas remarqué le trafic intense des embarcations de toute taille et de toute forme qui sillonnent les canaux, chargées de marchandises, de bouteilles, de légumes, de fleurs, de matériaux de construction. Marinetti voulait aussi combler le Grand Canal et le remplacer par une autoroute. Sans comprendre que Venise est la seule ville au monde où les voies de transport (les canaux) sont radicalement différentes des voies de promenade (les rues): le modèle de la cité future, selon Le Corbusier. Se promener dans Venise est un bonheur incomparable, parce qu'au lieu de songer à éviter les autos, on n'a que le souci de ne pas déranger les chats, les enfants. Toutes les rues y sont piétonnières: le modèle, en effet, qui s'impose aujourd'hui à nos villes asphyxiées par la circulation automobile. Surprise, donc: cette ville qu'on dit tournée en arrière, périmée, morte, montre aux jeunes municipalités le chemin à suivre, l'échantillon d'un urbanisme intelligent et hardi.

«Les canaux de Venise sont noirs comme l'encre; c'est l'encre de Jean-Jacques, de Chateaubriand, de Barrès, de Proust», écrit Paul Morand, dans un des plus jolis livres que Venise ait inspirés, datant seulement par le système de référence. Un écrivain plus moderne aurait parlé de l'encre de Thomas Mann. Renchérissant sur Barrès et sur Proust, relayé lui-même par Visconti, Thomas Mann a définitivement figé Venise dans l'image d'une ville morte, vouée aux fastes du crépuscule et de la décadence. A notre époque aliénée au culte du progrès, du rendement, de la vitesse, nous nous plaisons à entretenir le mythe d'une cité magnifique et défunte. Ceux qui analysent les causes techniques de la détérioration de Venise et qui cherchent à y porter des remèdes ne sont pas les mêmes, il vaut la peine de le noter, que ceux qui célèbrent la mort à Venise. Les premiers croient à la vie et à la survie de la ville, pour peu qu'on prenne des mesures énergiques contre les dégâts du pétrole et des marées, ce qui suppose qu'on arrive d'abord à bout de la corruption des politiciens italiens. Les seconds n'ont cure de ces détails triviaux. La mort à Venise est un thème strictement littéraire, l'alibi culturel d'une Europe gorgée de bien-être, de prospérité, d'argent, qui se donne bonne conscience en allant méditer sur la décrépitude et la vanité des civilisations. Barrès, Proust, Thomas Mann étaient de grands bourgeois. Chateaubriand, Visconti, d'aristocrates humanistes. Il est étrange de penser que leur choix se soit porté sur Venise, qui a été au contraire dans l'histoire du monde un centre et une capitale de gaieté. Qui a inventé la musique gaie, sinon Vivaldi? la peinture gaie, sinon Tiepolo? Qui a été le maître de la comédie italienne, sinon Goldoni? Et qui a traversé la vie avec autant d'allégresse et de verve que Casanova? «Ce pays, dans l'état actuel, est peut-être encore le plus gai de l'Europe», note Stendhal en 1815. Cette ville où le carnaval durait six mois n'a pas perdu entièrement sa vocation au rire. La mélancolie qui plane actuellement sur la lagune tient à la conjoncture économique, non au caractère des habitants. Voilà peut-être un des rares lieux en Italie où les fêtes costumées ne répondent pas seulement à un calcul touristique, mais à un désir éprouvé de l'intérieur.

Heureusement, en face des écrivains cités, trop cités, un autre romancier, plus moderne et d'égale valeur, nous a rendu l'autre Venise, celle de la joie et du brio. Le délicieux *Concert baroque,* du grand écrivain cubain Alejo Carpentier, est la meilleure introduction possible à cette ville qui confine ses morts dans l'île de San Michele, et a si peu de goût pour les cadavres qu'elle les expédie aussitôt en barque vers ce cimetière isolé. Gardons-nous d'attribuer au hasard le fait que cette Venise drue, gaillarde, hilare, nous soit restituée par un représentant de ce qu'on appelle les pays neufs: aussi vieux que l'Europe par les traditions et la sagesse, mais neufs par l'élan, la vigueur, le dynamisme, la curiosité, le goût de la vie. A la lumière d'Alejo Carpentier, on comprend que les pleureurs européens de la mort à Venise ont projeté dans les flots plombés de la lagune leur propre désenchantement et leur lassitude culturelle. *Concert baroque* raconte l'histoire d'un riche seigneur mexicain débarquant au XVIIIe siècle dans la cité des Doges. Il y rencontre Vivaldi, qui l'entraîne à l'*Ospedale della Pietà,* sorte de conservatoire pour jeunes filles, où le prêtre roux était maître de musique. Et toutes ces demoiselles d'organiser en l'honneur de leur hôte un concert délirant qui se termine en orgie. Haendel et Domenico Scarlatti participent à la fête. Puis, qu'à cela ne tienne, dans l'espace baroque les temps et les siècles se confondent, les trois compositeurs et leur ami américain vont pique-niquer sur la tombe de Stravinsky. Lequel, on le sait, a voulu être enterré dans l'île de San Michele, non point en hommage à «la mort à Venise», mais pour reposer à côté de Diaghilev, avec qui il avait connu ses plus grands triomphes des Ballets russes.

La basilique de Saint Marc, on l'a dit mille fois, est le point de rencontre et de fusion entre Constantinople et Rome, entre l'Orient et l'Occident. Le faste des dômes, le chatoiement des mosaïques, l'éclat des ors, mettent à la porte de l'Europe la splendeur miroitante de l'Asie. Il y a cent ans, on pouvait encore entendre, selon le témoignage de Taine, monter sous les rondeurs guillochées des voûtes, un chant «bizarre et beau, composé de voix très hautes et de voix très graves, sorte de mélopée monotone qui vient peut-être de Byzance». C'est par le commerce avec les Indes et avec la Chine, dont elle avait le monopole, que Venise devint au XIVe et au XVe siècle un des Etats les plus riches et les plus puissants du monde. Vasco de Gama, en découvrant la route par le cap de Bonne-Espérance, mit fin à l'hégémonie vénitienne. Le déclin commença dès 1497... L'âge classique de Venise, le siècle de Titien et de Tintoret, appartient déjà à l'époque de la décadence: voilà de quoi nous réconforter. Venise doit toute sa puissance à ses rapports avec l'Asie: comme Amsterdam, dont l'épanouissement miraculeux fut lié à l'essor de la Compagnie des Indes Orientales.

Or, aujourd'hui, vers quel horizon se tourne la jeunesse, écœurée par le matérialisme et la vulgarité de la société de consommation? Vers les Indes, vers l'Asie, vers l'Orient. Amsterdam est devenue, pour la jeunesse itinérante qui dérive de l'Occident vers l'Orient, un port de transit fabuleux. Venise aussi pourrait jouer ce rôle, auquel son passé historique et sa situation géographique ne la prédestinent pas moins: accueillir tous les insatisfaits, tous les marginaux d'Europe et d'Amérique, leur ménager une étape avant le grand départ vers l'Est. Paul Morand déjà, notait cet afflux de hippies sur le piazzale Roma, au débouché de la route qui arrive de la terre ferme: cette place envahie de jeunes chevelus portant leur bagage sur l'épaule, il l'appelait, en la comparant à l'autre place, l'illustre esplanade devant Saint-Marc, la cathédrale des routiers. Décidément, Venise-la-nullement-morte aura eu la vie dure, si elle réussit à incarner le mythe de la libération et du bonheur, pour ces milliers de vagabonds en quête d'une aube nouvelle, d'un monde nouveau où planer.
En tout cas, le Maure enturbanné qu'on découvre dans la boutique d'un artisan, le Bouddha en or qu'on aperçoit à la devanture d'un antiquaire, ne sont pas, à Venise, des pièces de musée: ils font partie du rêve collectif de beauté mystérieuse, exotique, rutilant, actif depuis les voyages de Marco Polo, cet autre Marc qui veille aux destinées de la ville, patron des voyageurs et des aventuriers.

Trop de vieillards, en vérité, ont visité et monopolisé Venise, qui fut longtemps la capitale, non seulement de la gaieté, mais de la jeunesse. Selon une légende rapportée par Alexandre Dumas, Titien encore enfant s'en allait par les prés et le long des haies cueillir les plus belles fleurs et les plus éclatantes. «La blancheur du lis, l'incarnat de la rose, la pourpre de l'oeillet, les mille nuances de ces vivantes pierreries, le plongeaient dans une muette extase.» Et (je continue à citer, plutôt que les gémisseurs trop connus, le tonique et casanovien auteur des *Trois Mousquetaires,* le voyageur étranger qui a le mieux compris, avec Stendhal, en quoi consiste la *virtù* du peuple italien), «une fois en possession de cette immense et magique palette que la nature a semée dans les champs, le petit Titien n'avait plus besoin ni de crayon ni de plume pour esquisser ses figures. Il prenait tout bonnement le suc de ses plus belles fleurs, et la fresque était aussitôt conçue qu'exécutée.»

Gustave von Aschenbach se laisse tuer volontairement par le choléra. Titien, lui, mourut de la peste, mais contre son gré, un an avant de fêter son centième anniversaire.

Peu après, le compositeur Giovanni Gabrieli était nommé organiste à Saint-Marc. Distribuant le chœur et l'orchestre entre les quatre tribunes de la basilique, il inventait la stéréophonie. Comme des oriflammes, ses motets claquaient au vent des trompettes, sous la diaprure polychrome des coupoles. Le premier théâtre public d'opéra fut fondé à Venise, en 1637, grâce à l'autorité de Monteverdi, auteur génial du *Couronnement de Poppée,* où Néron, l'empereur, et Othon, le capitaine, étaient chantés par des castrats, la vieille nourrice par un homme et le jeune page par une femme: subversion époustouflante des rôles, selon l'esprit d'enfance le plus pur, le plus innocemment déluré. En 1810, à dix-huit ans, Rossini, encore adolescent, faisait jouer au théâtre San Moisé le premier de la série immortelle de ses opéras bouffes.

Le premier journal au monde (appelé alors «gazette», du nom

d'une monnaie de cuivre qui valait deux sous) parut à Venise dès la fin du XVIe siècle. Pourquoi oublier ces dates mémorables, et ne retenir que ce jour de février 1883, où Wagner rendit son âme pompeuse dans le palais Vendramin?

Les doges, qu'on représente toujours barbus, engoncés dans les chamarrures de leur dalmatique et les broderies de leur simarre, tenaient leur pouvoir de la main d'un enfant. Les institutions de la République avaient en effet prescrit un rite délicieux, qui tempérait la gravité de l'élection à la magistrature suprême par une sorte d'espièglerie pleine de charme et de sagesse. Le Grand Conseil, c'est-à-dire l'ensemble des nobles, se réunissait en conclave dans le palais ducal et procédait à une suite de tirages au sort pour choisir les quarante et un grands électeurs.
Avant de commencer le scrutin, le plus jeune membre de l'assemblée se rendait à la proche basilique de Saint-Marc. Brève halte, de recueillement et de prière. Puis, sur le chemin du retour, il prenait par la main le premier enfant rencontré et le ramenait au palais.
Cet enfant allait extraire de l'urne les boules désignant les électeurs aux divers stades de l'épreuve. On l'appelait le *ballottino*. Toutes les magistratures étaient semblablement électives, et toujours des enfants assuraient le déroulement du vote. Charles de Brosses, invité à assister à l'élection du général des galéasses, vit une vingtaine de gamins se disperser par la salle en criant le nom du candidat, puis rapporter au Chancelier les ballottes (de la grosseur d'un bouton de chemisette), blanches pour le «oui», vertes pour le «non». Venise confiait son destin à la main légère de jeunes garçons.
Coutume admirable. Quand le doge sortait en procession

dans la ville, les hérauts qui marchaient en tête soufflaient dans des trompettes si longues, qu'un enfant devait en soutenir l'extrémité.

Bien avant que le XXe siècle ne parte à la recherche du temps perdu, le mythe de l'enfance flottait sur la lagune. Fulvio Roiter, dans son album, nous montre beaucoup d'enfants. Il faut l'oeil d'un grand photographe pour nous débarrasser des clichés que trop d'esthètes, trop de littérateurs ont collés sur Venise. Venise n'est ni ce théâtre d'illusions planté pour une mascarade frivole, ni cette nécropole geignant d'échos funèbres: mais une cité vive, jeune, changeant au rythme des saisons, blanche de neige l'hiver, couleur de saumon au printemps, de rouille à l'automne; luttant courageusement contre l'adversité, qui a pour nom aujourd'hui finance, industrie, technocratie; mais surtout, il importe de le comprendre, une cité où la beauté n'a jamais été un placage élitaire, mais l'expression même de la vie.
La maison la plus modeste, la ruelle la plus obscure, promettent le même enchantement que les palais du Grand Canal. De même qu'on juge un cuisinier sur l'omelette, on juge une ville sur les lieux où l'employé de la poste rentre dormir, où le calfat remise ses outils, où la fleuriste entortille ses jonquilles en bouquet.

Dominique Fernandez

la genèse: la mer et les abords

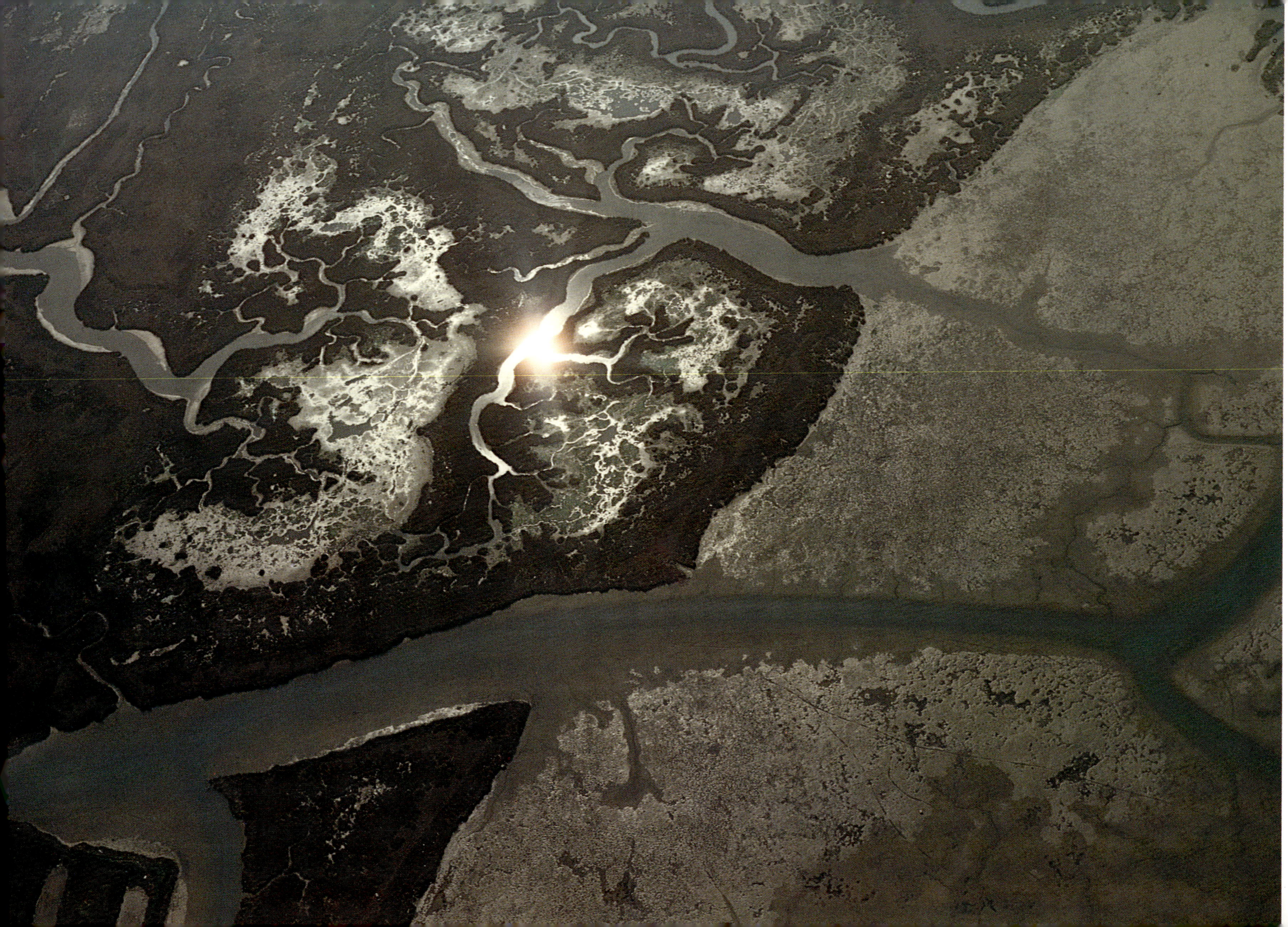

4 5

10 11

12 13

14 15

1

C'est sur l'Adriatique qu'ont navigué Grecs et Byzantins, brigands illyriens et arabes, ainsi que des navires portant des croisés vers la Terre Sainte, sans oublier tous les bateaux de marchandises transportant les trésors d'Orient. Grâce à l'Adriatique, la mer Méditerranée s'avance jusqu'à toucher les Alpes et effleure le centre de l'Europe, prédestinant déjà, dès son origine, l'histoire de Venise.

2-3

L'Adriatique, rencontrant plusieurs fleuves de la plaine du Pô, avait formé un dédale de lagunes, de rivages, d'îles et de terrains vagues : les « barene » (bas-fonds recouverts de roseaux) qui à marée basse émergeront des fonds boueux tandis qu'à marée haute, ils seront ensevelis par l'eau de la lagune.

4-5

Un peuple jaloux de sa liberté accepta d'affronter cette terre incertaine et, poussé par la terreur des Barbares qui désormais faisaient pression sur les plaines voisines, y chercha refuge, supportant toutes les embûches mais valorisant aussi tous les avantages que leur offrait une telle nature. Et il commença par signaler dans les eaux, les lieux d'accostage et les passages sûrs, en y plantant de nombreux poteaux, appelés « bricole ».

6-7-8-9

Ensuite, sur les eaux calmes de la lagune autour de Rialto, après le VIIIe siècle, se dressa et s'agrandit Venise, gardant intacte, du premier jour de sa création, sa nature miraculeuse émergeant de la mer. Telle une grande porte ouverte, le bassin Saint-Marc nous introduit jusqu'au cœur de la ville. C'est d'ailleurs la vraie entrée de Venise et c'est par là qu'il faut la découvrir, non seulement parce que la ville y offre la plus grande partie de ses édifices importants et beaux, mais parce que c'est la face que Venise aimait montrer à tous ceux qui revenaient des mers lointaines, après l'avoir tant rêvée et attendue. Tandis qu'à droite le regard est attiré par le clocher de Saint-Marc, à gauche se dessine l'île Saint-Georges avec son église construite par Palladio et la silhouette du clocher conçue par Buratti, en 1791.

10

L'incomparable panorama de l'île Saint-Georges. Dès le Xe siècle, ce fut le siège d'un couvent bénédictin. Il acquit son aspect entre le XVe et XVIIe siècle. L'architecte Palladio y construisit le réfectoire ainsi que la grande église où on conserve entre autres, la « Chute de la Manne » et la « Cène » de Tintoret. Le monumental escalier et la bibliothèque ont été construits par l'architecte Longhena, au XVIIe siècle.

11

L'île Saint-Georges vue de la rive « degli Schiavoni ». Aujourd'hui, cette île est le siège d'une importante institution éducative et culturelle, la Fondation Giorgio Cini.

12-13

Un coucher de soleil sur le débarcadère des gondoles devant la Piazzetta de Saint-Marc avec au fond les coupoles de l'église della Salute.

14

Encore l'île Saint-Georges, illuminée par le soleil, la petite tour du XIXe siècle marque l'entrée d'une petite darse.

15

En face de Saint-Georges, le plus imposant ensemble monumental de la ville. A partir de la gauche : le palais de la Zecca construit par Sansovino, la Libreria Vecchia réalisée toujours par le même architecte, la Piazzetta avec les colonnes soutenant la statue de saint Théodore, premier protecteur de Venise. Il s'agit d'une statue hétéroclite, avec des parties de différentes époques et dont l'original est conservé au Palais Ducal. A son sommet, se trouve le Lion de Saint-Marc, copie non moins intéressante, en bronze oriental. Dans le fond, on entrevoit la tour de l'Horloge et l'église Saint-Marc.
L'image se termine par le Palais Ducal. C'est une des vues les plus typiques de la ville, évoquée à l'infini par les peintres, au point d'être familière à tous, même à ceux qui n'ont pas vu la ville.

16

La façade du Palais Ducal le long du bassin de Saint-Marc, photographiée du bateau à moteur, après le coucher du soleil. Cette image, qui appartient à la Venise de nos jours, donne la sensation d'une ville engloutie par les eaux.

le coeur de venise

20 21

24

25 26

27 28

29 30 31

32 33

B76

38 39 40

41 42

43 44

45 46

47 48

49 50

51 52 53

56 57 58

59 60

17

Une ville pleine de maisons, de fondations, de « calli » (ruelles), de « campi » (places), de ponts, de couvents et de palais. Le tout construit au hasard, le long de morceaux de terre et autour du tortueux Grand Canal qui traverse la ville, la ravitaille, l'éclaire entièrement. L'organisation de Venise se présente de façon compliquée mais en même temps équilibrée : chacun y a trouvé et créé ce dont il avait besoin pour que la ville entière soit aussi intime que sa propre maison, belle et aimée, donnant libre cours à sa fantaisie.

18-19

Le palais des Doges est un chef-d'œuvre du gothique vénitien. Il acquit son aspect actuel dans le courant du XVIe siècle, sa façade a été décorée par l'architecte Filippo Calendario, auteur de quelques statues symboliques. Les éléments du gothique européen se répandirent à Venise et en particulier dans ce palais avec des tendances d'origine arabe ainsi que la légèreté précieuse de la tradition byzantine. Du côté du quai, en 1404, l'encadrement de la fenêtre centrale fut orné de riches motifs décoratifs. A droite, s'allonge le Rio di Palazzo traversé, en premier lieu, par le pont de la Paille, ensuite par le pont des Soupirs et en troisième lieu, par le pont de la Canonica. Au centre de la cour du palais, on aperçoit les aiguilles de l'Arc Foscari, bâti par Rizzo, à la fin du XVe siècle.

20-21

Le pont de la Paille, nommé ainsi parce que près de là accostaient des barques chargées de paille. On voit aussi le pont des Soupirs qui joignait le palais des Doges aux prisons. C'était un pont particulièrement bien protégé, construit aux environs de 1600, par Antoine Contino. Son architecture est l'une des plus appréciées par les visiteurs. A Venise, durant la saison touristique qui s'étend de mars à octobre, la foule grouille souvent sur le pont de la Paille.

22

La photo a été prise du pont de la Paille qui donne sur le Rio di Palazzo et le pont des Soupirs.

23

Il s'agit de la base de la colonne du Todaro avec ses bas-reliefs du XIIe siècle, évoquant différents métiers.

24
Les « tetrarchi » en porphyre baptisés par le peuple, les « mores ». Il s'agit de quatre Sarrasins qui auraient voulu voler les trésors de Saint-Marc, contre le mur du bâtiment carré où se trouve le trésor de Saint-Marc, c'est-à-dire sur le côté de la basilique, près de la porte della Carta servant d'entrée au palais des Doges. Le groupe de personnages représente les empereurs de la tétrarchie du temps de Dioclétien. Il s'agit d'une œuvre provenant d'Egypte, du IVe siècle, typique de l'art de la fin de l'Empire romain.

25-26
Balustrades en marbre du palais des Doges. Elles se trouvent sur la façade de la cour intérieure. Les sculptures des chapiteaux ressemblent à celles qui ornent les grands chapiteaux de l'étage inférieur.

27-28
Cour intérieure du palais des Doges. Cette partie du palais fut achevée à la fin du XVe siècle et au XVIe siècle, par Rizzo, Bregno, Pietro Lombardo, Bartolomeo Monopola et Scarpagnino.

29
Bustes des Doges du XIXe siècle au palais des Doges.

30
Détail de la statue de Mars, œuvre de Sansovino, exécutée à la fin de sa vie. Elle occupe avec celle de Neptune, le sommet de l'escalier des Géants. C'est là que le doge recevait la corne ducale, c'est-à-dire le bonnet caractéristique qui le distinguait des autres durant la cérémonie du couronnement.

31
L'escalier d'or. C'est le plus bel escalier du palais, conçu par Sansovino et décoré de stucs par Alessandro Vittoria. Le palais des Doges était le siège de la plus haute magistrature de l'État : *l'Avogaria*, de la Garde Maritime, du Collège, du Sénat, du Conseil des Dix, des Inquisiteurs de l'État, du Grand Conseil, etc., et de plus la résidence du doge. En réalité, l'édifice est bâti selon l'ancienne tradition des palais impériaux romains par son unité et son autonomie, dont le palais de Constantinople servit de modèle pendant bien longtemps.

32

La salle du Grand Conseil est la plus grande pièce du palais. Elle est décorée de façon remarquable par des toiles de Véronèse et Tintoret. Elle était le siège de la haute magistrature vénitienne, présidée par les nobles inscrits dans le Livre d'Or.

33

Dans la salle de « l'Anticollegio », l'antichambre d'honneur de la salle della Signoria. Elle est décorée d'une exceptionnelle série de chefs-d'œuvre des grands maîtres vénitiens du XVIe siècle. Le tableau visible sur la photo est « Bacchus et Ariane couronnée par Vénus », peint par Tintoret.

34

A la fin du XVIIIe siècle, l'église apparut trop modeste extérieurement au goût des Vénitiens dont la vie devenait toujours plus somptueuse. On prit la décision de recouvrir la façade et les coupoles afin d'en augmenter la splendeur, œuvre accomplie par de nombreux maîtres, durant le début du XVe siècle, s'inspirant avec fantaisie et élégance du style gothique flamboyant.

35

Les célèbres quatre chevaux de bronze qui décorent la façade de l'église Saint-Marc proviennent de l'hippodrome de Constantinople, d'où ils ont été prélevés après la conquête de la ville par les Vénitiens durant la IVe croisade (1204). Ils furent enlevés de Venise par Napoléon en 1797, et restitués après le traité de Vienne en 1815.

36

L'entrée de la basilique Saint-Marc, avec un détail de la porte de bronze. La basilique dépendait, ainsi que les églises des antiques palais impériaux, directement du pouvoir politique, c'est-à-dire du doge. Elle était donc la chapelle ducale et n'appartenait pas à l'évêque qui avait une autre église de la ville (S. Pietro in Castello).

37

L'intérieur de la basilique Saint-Marc. La basilique a été bâtie durant le XIe siècle et ressemble à une ancienne église de Constantinople, celle des Saints-Apôtres. Ce qui démontre les liens étroits, politiques et culturels, qui unissaient Venise à la capitale de l'empire byzantin et par conséquent les liens profonds de la civilisation artistique vénitienne avec la vieille antiquité byzantine et romaine. La précieuse décoration en marbre et mosaïque de l'église peut encore être admirée à Ravenne, à Constantinople et dans d'autres centres qui ont résisté aux invasions barbares.

38

Si le centre commercial de la ville resta aux alentours du Rialto, pas loin de là se forma celui, politico-religieux, où le doge avait son siège et où le patron de la ville, saint Marc, avait son église, tandis que le peuple avait le privilège et l'habitude de se rassembler sur la grand-place. En haut à droite de la photo, on remarque l'escalier « del bovolo » du palais Contarini. Il s'agit d'un escalier en colimaçon qui possède une curieuse architecture, datant de la fin du XVe siècle.
A droite de Saint-Marc se dresse la masse du théâtre de la Fenice avec sa façade décorée. A gauche, en haut, le regard est attiré par la partie supérieure de l'église S. Maria del Giglio, ornée de statues datant du XVIIe siècle et construite par Sardi. Sous l'église et près de la place on voit l'arrière de S. Moisé de la même époque. On y distingue nettement les statues de la façade qui surplombent le corps de l'édifice.

39-40

La place Saint-Marc était le siège privilégié des cérémonies publiques et des fêtes populaires, le lieu où le gouvernement aristocratique de la République aimait rencontrer son peuple et au cours des siècles, sa perfection architecturale qui devait correspondre au prestige des cérémonies, s'est sans cesse affirmée. Mais si son aspect est particulièrement gracieux et solennel, elle finit par être néanmoins un lieu ouvert et cordial pour tous ceux qui y viennent, à cause de la variété des éléments qui la composent.

41

Les anciennes Procuraties étaient les habitations des procurateurs de Saint-Marc, la magistrature la plus honorifique après le doge. Elles remontent à la fin du XVe siècle ; construites par l'architecte Coducci jusqu'au premier étage, elles furent complétées ensuite par Bon et Grigi, et achevées par le célèbre Sansovino.

42

En face des anciennes Procuraties se trouvent les nouvelles Procuraties, commencées par Vincenzo Scamozzi vers 1586 et terminées par Longhena vers 1640. La place se ferme par la soi-disant « aile napoléonienne » construite en 1810 par Giuseppe Soli. Précédemment s'y élevait l'église de S. Giminiano. Dans les nouvelles Procuraties se trouvent aujourd'hui le musée Correr, un des plus importants de la ville, ainsi que le musée de la Renaissance et le musée archéologique.

43-44

Sous les arcades des Procuraties. La place a été pavée en 1723 d'après le dessin d'Andrea Tirali. Auparavant, elle était carrelée de briques en forme d'arête de poisson.

45

La place Saint-Marc reste l'endroit mondain et le lieu de rendez-vous touristique de la ville. Quelques cafés sous les Procuraties sont très connus, comme le Florian, le plus ancien café des Vénitiens qui a gardé le nom de son premier propriétaire, Floriano Francesconi (1720). Sa décoration et les peintures datent du XIXe siècle. En face, toujours sur la place, se trouvent deux autres cafés bien connus; le Quadri et le Lavena. Durant la pleine saison, leurs tables envahissent une partie de la place et leurs orchestres y jouent des airs entraînants.

46

Au café Lavena, le lustre de Murano domine triomphalement la salle. Il semble que ces lustres, particulièrement ceux du XVIIIe siècle, par leur grâce, leur fraîcheur et leur élégance soient l'image de la vie à Venise jusqu'à aujourd'hui.

47-48

La place Saint-Marc avec ses touristes et ses Vénitiens. Venise est la destination préférée des couples en voyage de noces. Ils en profitent pour visiter cette ville unique au monde, que la légende évoque comme douée d'une atmosphère propice à la douceur, à la rêverie et à une insoucieuse nonchalance idéale pour une lune de miel.

49-50

Une classe d'élèves italiens devant la Basilique et, sur l'autre page, un groupe d'écoliers anglais. La ville est un lieu de visite continuel non seulement de la part d'étrangers mais également d'Italiens. On y rencontre des groupes d'habitants de la proche campagne, émerveillés par cette ville étonnante.

51-52-53

« Acqua alta » sur la place Saint-Marc. Ce phénomène de marée haute, dû à des circonstances atmosphériques particulières qui fait que l'eau pénètre dans la ville, a toujours existé mais a récemment causé des dégâts et des inquiétudes sur l'avenir de Venise. En novembre 1966, un grand nombre de magasins furent endommagés; depuis lors, un système d'alarme capable d'annoncer à temps l'arrivée d'une grosse marée est installé. De plus, des techniciens et des spécialistes compétents observent sans cesse tous les éléments qui influent sur le niveau de la marée à l'intérieur de la lagune.

54

Certains jours et à certaines heures, surtout en hiver, même la place Saint-Marc reste déserte ou presque...

55

La place pendant une rafale de neige. Peu fréquentes à Venise, elles y sont toujours un événement inoubliable.

56-57-58

La Piazzetta et la place Saint-Marc sous la neige. Les piles de planches et de tréteaux servent à construire les passerelles contre « l'acqua alta » qui, de novembre à mars, envahit souvent les parties les plus basses de la ville.

59-60

L'île Saint-Georges et l'église S. Maria della Salute sous la neige.

61

La Bocca di Piazza, la nuit. C'est l'entrée de la place qui donne dans la rue de l'Ascension, sous l'aile napoléonienne. De là, on a une surprenante vision de la place dans toute sa splendeur et son ampleur.

le grand canal

63 64

65 66

67 68

69 70

VRBIS
IOANNES
DARIVS

ACCADEMIA DI BELLE ARTI
1050
le donne lottano

76 77 78

79 80 81

84 85

86 87 88

89 90

91 92

Berto
Berto

62

Gondolier sur le Grand Canal, principale voie de communication de Venise ; son parcours mouvementé, qui est le lit d'une ancienne embouchure fluviale, constitue par la beauté et la variété des architectures qui le longent, le plus extraordinaire paysage urbain qu'on puisse admirer.

63

Gondolier près de l'embarcadère de S. Marco.
La gondole, élément inséparable du spectacle de Venise, est un moyen de transport encore très utilisé pour le tourisme, mais aussi pour circuler plus rapidement dans la ville, sur le Grand Canal.

64

« Bricola » devant l'Harry's Bar. Ces pieux, caractéristiques du paysage lagunaire, servent à l'amarrage des embarcations et se trouvent devant tous les palais vénitiens, pour lesquels le Canal constituait la principale voie de communication.

65

Si la gondole représente l'originalité absolument unique de l'histoire de la ville, un rôle tout particulier est réservé aux gondoliers qui sont les plus authentiques enfants de l'ancien peuple vénitien.

66

La gondole est rendue propre et belle non seulement pour le plaisir des étrangers mais aussi parce qu'elle est l'orgueil du gondolier, la camarade inséparable de ses fatigues et de ses gains.

67-68

Vue des « Fondamenta », à l'intérieur de Venise. C'est là que les gondoles se reposent de l'agitation frénétique de la saison touristique.

69

La pointe de la Douane maritime, construite en 1677 par G. Benoni. Derrière la pointe s'étendent les entrepôts de la douane, le grand séminaire patriarcal et l'église della Salute, construite par Longhena.

70

L'église della Salute fut construite en 1631, après l'épidémie de peste.
C'est l'œuvre la plus fameuse de Baldassare Longhena. Cet architecte du Tessin donna sa grande empreinte baroque à l'architecture vénitienne. Le profil de cette église, qui se trouve non loin du départ du Grand Canal près du bassin de San Marco, est une des visions les plus typiques de toute la ville. Elle contient dans ses chapelles et sacristies des œuvres de Titien, Tintoret, Luca Giordano, Salviati, Giusto Le Court, etc.

71

Palais Dario. Au XVe siècle, Venise adopta les nouvelles formes de la Renaissance, abandonnant peu à peu les modèles gothiques. Ce palais se distingue par la préciosité de ses ciselures de marbre.

72

Le parcours du Grand Canal est traversé par trois ponts seulement : le pont du Rialto, le plus connu et le plus vieux, celui de la gare, moderne, et le pont de l'Académie, provisoire et en bois qui remplace le pont en fer de 1854.

73

Le pont de l'Académie fut construit en 1932 et comme l'indique son nom, il se trouve près de l'Académie des Beaux-Arts.

74-75

L'Académie de Venise fut fondée en 1750. A côté, le musée de l'Académie, le plus important de la ville et un des plus riches d'Italie (le « Gallerie »).

76-77

Longeant le Grand Canal, après l'Académie, le palais Rezzonicco, construit par Longhena durant la seconde moitié du XVIIe siècle et terminé au siècle suivant par Massari. C'est un chef-d'œuvre d'architecture baroque actuellement transformé en musée de l'art vénitien du XVIIIe.

78

Le palais Rezzonicco possède des plafonds de Tiepolo, ainsi que des peintures et des sculptures de grande valeur. Plusieurs pièces sont aménagées comme au XVIIIe siècle, comme l'ancienne pharmacie et plusieurs théâtres de marionnettes. De plus, parmi les collections, on trouve une série de tableaux de Pietro Longhi représentant des scènes délicates de la vie vénitienne du XVIIIe dont l'auteur laissa un témoignage unique par la subtilité de son art.

79-80

Le Grand Canal est encore le grand passage de la marine marchande : cette voie d'eau unique au monde est comparable, par son intense trafic, aux Champs Élysées à Paris ou à la 5e avenue à New-York.

81

Le palais Giustiniani est un exemple typique d'architecture gothique vénitienne du XVe siècle, par son élégance et sa légèreté. Le compositeur Wagner y habita et y composa le deuxième acte de « Tristan et Iseult ».

82

Palais Giustiniani et Foscari, tous deux de la même époque. Le doge Francesco Foscari mourut dans son palais en 1457. Il est devenu l'Institut d'Économie et de Commerce.

83

Sur le Grand Canal, il est courant de rencontrer encore des embarcations traditionnelles à rames, irremplaçables par leur maniabilité et parfaitement fonctionnelles.

84

Une boutique d'artisans sculpteurs près de San Tomà. L'artisanat est florissant et a gardé un aspect culturel des plus positifs. Les artisans de Venise possèdent encore l'habileté et l'inspiration de leurs prédécesseurs, sachant appliquer ces qualités non seulement à des objets traditionnels mais aussi à des créations nouvelles.

85
Un antiquaire près de San Tomà. Sa richesse artistique millénaire a fait de Venise une ville bien placée sur le marché des antiquités.

86
Les environs de Venise autour du pont du Rialto. On reconnaît facilement à gauche, la masse du Fondaco dei Tedeschi (entrepôts), construit au début du XVIe siècle et contenant des fresques de Giorgione et du Titien. A droite, la façade blanche est celle du palais des Camerlenghi suivi par la série d'arcades des Fabbriche Nuove du Rialto.

87
Le pont du Rialto (fin du XVIe siècle, architecte Antonio Da Ponte) et le palais des Camerlenghi. Dans cet édifice, construit par Guglielmo Bergamasco en 1525, habitaient les trois Camerlenghi, chargés des finances de l'État et d'autres fonctions moins importantes.

88
Une vue sur le Grand Canal depuis le pont du Rialto. Le troisième palais qu'on remarque en partant de la gauche, est la Ca' Da Mosto du XIIIe siècle ; il s'agit d'un des plus anciens édifices donnant sur le Canal. Déjà à cette époque, les maisons vénitiennes se distinguaient par les arcades de leurs façades et leurs grandes fenêtres qui, à la différence des autres centres médiévaux, reflétaient la sécurité politique et sociale de la ville. L'explorateur Alvise Da Mosto y est né. A partir du XVIe jusqu'au XVIIIe siècle, ce fut l'auberge du Léon Bianco, la plus célèbre de la ville.

89-90
Voici la façade de la Ca' d'Oro, chef-d'œuvre du gothique vénitien, construit par Matteo Raverti au XVe siècle, auteur également du Dôme de Milan. Aujourd'hui, le palais est devenu un musée.

91
Ca' Mocenigo à S. Stae. Typique demeure vénitienne du XVIIIe siècle. Le plafond du « salon rouge » possède des fresques de Jacopo Guarana de 1767. Le lustre,

du style appelé « cioca », est l'œuvre d'un génial maître verrier de Murano du XVIIIe siècle, Giuseppe Briati.

92

Toujours au salon de Ca' Mocenigo à S. Stae : un détail du cadre du portrait du procurateur Contarini (XVIIIe siècle). L'auteur est Antonio Corradini, le sculpteur qui fit la décoration du dernier Bucentaure, grande galère sculptée et dorée où montait le doge tous les ans, le jour de l'Ascension, pour renouveler son mariage avec la mer Adriatique.

93

La beauté de l'architecture vénitienne est due à ses couleurs et à sa légèreté qui la font ressembler à un décor de théâtre. Le palais Sagredo, de la fin du XIVe siècle, conserve plusieurs éléments typiques d'une construction de l'époque byzantino-vénitienne.

94

Non seulement les palais sur le Grand Canal sont d'une grande noblesse architecturale, mais il en va de même pour tous ceux qui bordent les canaux internes. Celui-ci se trouve le long du canal de Sant' Antonio, près du théâtre Malibran.

95-96

Le Grand Canal un jour de brouillard. Ces bateaux à moteur appelés « peote » sont caractéristiques de la navigation lagunaire. Près du pont du Rialto, il y a le plus grand marché de fruits et légumes de la ville.

97

Palais Donà, le long du canal della Misericordia, près de l'église des Jésuites construite par Domenico Rossi, au XVIIIe. On trouve ici une Venise plus modeste, dans la partie qui regarde les îles du cimetière S. Michele et Murano.

gondoles, ponts et ruelles

99 100

101 102

103 104

105 106

107 108

109 110

111 112

PONTE
DE L'OSPEDALETO

113 114

115 116

117 118

119 120

121 122 123

PAROCHIA
S. ALVISE
VULGO S. LUDOVICO
SOTOPORTEGO
DE GHETO NOVO
PONTE DE GHETO
NOVISSIMO

127 128

129 130

ARCHIVIO DI STATO

131 132

133 134

PONTE
CORRER

135 136

137 138

139 140

141 142

143 144

145 146

UNE DI VENEZIA
LIO DI QUARTIE
DURO -
S. CROC
10 FOCACCE
20 PANFRUTTO
6 PANDORO

147 148

10

149 150

151 152

153 154

98

Personne ne peut connaître Venise sans faire un tour en gondole. Ainsi seulement, en montant sur ces embarcations silencieuses et élégantes, on découvrira une Venise plus authentique, s'habituant à regarder les maisons de la hauteur naturelle de la ville, qui est celle de la surface de l'eau.

99-100-101-102-103-104

Les « squeri » sont les endroits où on construit et répare les gondoles. Un des plus beaux se trouve à San Trovaso ; il est possible d'en voir d'autres à S. Pietro dans le quartier de Castello. La gondole actuelle remonte à 1562, quand un ordre du Sénat obligea à la peindre en noir, mais son origine est bien plus ancienne. Elle fut déjà employée en 697 à Héraclée et en tout cas, elle est citée dans un parchemin de 1094. Les techniques de sa construction sont restées plus ou moins immuables. Elle est longue de 11 mètres et large de 1,20 mètre. Le « squero » est un endroit pauvre et sobre, mais la construction de la gondole est un acte de patience et d'amour. Cette embarcation a été étudiée pour pouvoir être poussée sur l'eau avec un minimum d'effort. Le fer de la proue, en forme de hallebarde, sert à compenser le poids du gondolier qui est à l'arrière.

105

Ramer, conduire la barque en posant avec maîtrise la rame sur l'eau, est un jeu que les garçons de la ville apprennent vite. Ici, on se trouve près de la Scuola Vecchia de la Miséricorde, d'où l'on aperçoit la façade du XVe et l'abbaye, à côté, qui date du XVIIe siècle.

106

Parfois encore, le mariage se célèbre en gondole.

107

Le long du Rio dei Mendicanti près de l'hôpital, une couronne d'œillets rouges attend un enterrement. Le défunt sera conduit au cimetière de la ville, l'île de San Michele.

108

Statue de Colleoni par Verrochio. Campo Ss. Giovanni e Paolo.

109-110

Le corbillard.

111-112
La place di Santa Maria Formosa est un des plus animés des « campi » vénitiens ou après plusieurs ruelles et passages étroits, on se trouve tout à coup sur cet espace libre. L'église de S. Maria Formosa est un chef-d'œuvre de Mauro Coducci, construit en 1492. Elle contient d'intéressants tableaux tel que la « Santa Barbara » de Palma l'Ancien.

113-114
Pierres rongées, vieux ponts, murs décrépis, ce sont des visions qui se répètent souvent à Venise, et qui lui donnent infiniment plus d'attraits par ce mélange de vie et d'histoire, de noblesse et de pauvreté. Mis à part son côté inspiration lyrique, la vieillesse des structures cause de gros soucis pour sauver cette ville. Trop de palais, de coins menaçent de s'écrouler et de disparaître pour toujours. Le monde entier se préoccupe, s'unit et essaie de faire quelque chose pour sauver Venise.

115-116-117-118
Venise possède 400 ponts, tous de formes et de perspectives différentes.

119-120
Bien souvent les ruelles et les passages sont si étroits qu'il est difficile de croiser les passants.

121-122-123
L'Arsenal. Ce quartier représente une espèce de citadelle aujourd'hui presque déserte, mais où dans le temps se trouvaient les plus puissants chantiers de la flotte méditerranéenne. Déjà connus par Dante qui en parle dans le XXe chant de *L'Enfer,* ces chantiers donnèrent du travail à plus de 16000 ouvriers. A l'entrée, quelques sculptures de lions. Celle qui se trouve au premier plan, fait partie des fameux lions provenant de l'île de Délos et dont la tête fut refaite.

124-125-126
A Venise, les juifs trouvèrent presque toujours tolérance et hospitalité. A l'origine, ils habitèrent la Giudecca puis ils se fixèrent dans un quartier qui prit le nom de Ghetto (de *armi da gètto,* armes de jet, car il y avait là une fonderie de canons). La communauté juive prospéra et atteignit, au XVIIe siècle, une population

de 5000 habitants. Ce fut une communauté riche, les nombreuses synagogues en sont un témoignage. Quelques-unes existent encore, construites parfois par de talentueux architectes tel Baldassare Longhena.

127
Montant l'escalier d'un pont, cette vieille dame inconnue a les traits et l'allure majestueuse, caractéristiques de l'ancienne aristocratie qu'il arrive de rencontrer encore à Venise où d'illustres familles survivent toujours, telles les Foscari, Tiepolo, Mocenigo pour en citer seulement quelques-unes parmi les plus connues et prestigieuses.

128
C'est dans cette demeure qu'est né en 1707 Goldoni, célèbre auteur de comédies. Actuellement, le palais est un Institut d'études théâtrales.

129-130
Campo dei Mori, là où se trouve l'habitation de Tintoret et également deux curieuses sculptures du XIIIe siècle. Suivant la tradition populaire, elles représentent ainsi qu'une troisième, trois marchands arabes, les frères Rioba, Sandi et Alfani, venus en 1112 et qui habitèrent cet emplacement.

131
L'église et le couvent dei Frari. Cette église franciscaine, une des plus célèbres du gothique vénitien, fut construite au XIVe siècle et terminée au cours du siècle suivant. Elle contient des chefs-d'œuvre, comme la « Vierge de l'Assomption » et « la Pala Pesaro » de Titien et la « Madonna in trono fra Santi » de Bellini. Elle contient aussi deux grands monuments funèbres dédiés à Titien et à Canova. A côté du couvent, se trouvent aujourd'hui les Archives de l'Etat qui contiennent une collection riche et précieuse de documents.
Derrière le couvent dei Frari, la masse blanche qu'on voit est l'école de San Rocco qui possède l'extraordinaire cycle peint du Tintoret.

132
« Tobie et l'Ange », dans le cloître du couvent dei Frari, sculpture du début du XVIIIe siècle. L'œuvre a été exécutée par Francesco Penso surnommé « le Cabianca ».

133
L'entrée de l'ex-école de San Marco est aujourd'hui l'hôpital civil. Dans le temps, elle faisait partie des six écoles qui étaient les sièges des confréries dont les membres appartenaient à la riche bourgeoisie. Ici, la façade consiste en des reliefs présentant des effets de perspectives auxquels travaillèrent Pietro et Tullio Lombardo à la fin du XVe siècle, et Mauro Coducci.

134
L'intérieur de l'église Ss. Giovanni e Paolo. Cette église gothique vénitienne fut construite par les moines dominicains, entre le XIVe et le XVe siècles. Avec celle dei Frari (franciscains), elle est un des plus glorieux monuments de la ville. On y trouve des tombeaux de doges et des œuvres exceptionnelles de Bellini, Véronèse, Lotto, Pietro et Tullio Lombardo, etc.

135-136
Toutes les ruelles se ressemblent mais aucune n'est pareille...

137
La place Francesco Morosini à Santo Stefano, en hiver. Quand les enfants vénitiens veulent trouver un peu d'espace, ils vont dans les « campi ». Les puits sont fermés et rappellent les temps où Venise n'avait pas d'aqueduc et où chaque place avait son puits pour l'eau potable. Au fond de l'image, on voit un côté de l'église gothique de Santo Stefano.

138
Encore la place Francesco Morosini, mais cette fois en été. Pendant la bonne saison, des terrasses de café se forment sur les « campi » et les gens y consomment volontiers, attirés par la tranquillité et le bon « cappuccino ».

139-140

Si l'on rencontre une bicyclette, elle ne peut appartenir qu'à un enfant. Venise est sans danger et les enfants peuvent y mener une vie communautaire extrêmement riche en amitiés, rencontres et distractions.

141

Un lion parmi tous ceux qu'on rencontre dans la ville. Celui-ci est sculpté à l'entrée du Fondaco dei Tedeschi ; aujourd'hui le palais sert de bureau de poste. Il se trouve près du pont du Rialto. Le symbole de l'évangéliste Marc est sculpté de différentes manières et chacune d'elles a une signification bien précise.

142

Une caractéristique de Venise est d'avoir conservé les anciens noms de ses rues et de ses ponts, ainsi que l'ancienne subdivision en quartiers. Ces noms, souvent suggestifs, rappellent des épisodes ou coutumes ancestraux.

143-144

Une marchande de légumes et une fleuriste au marché, près du Rialto. Légumes, fruits, fleurs représentent souvent un spectacle unique à Venise, aussi bien par la façon d'exposer la marchandise que par leur aspect. Les îles de l'estuaire, avec leurs terrains sablonneux et ensoleillés, sont particulièrement favorables à la culture. L'arrivée au marché des barques chargées est un spectacle intéressant et pas seulement du point de vue folklorique.

145

Près de l'église de l'Archange Raphaël. La tranquillité du canal, le soleil sur le pont, la paresse d'un chat... autant de signes de l'atmosphère calme et intime qui règne un peu partout à Venise et dont un Vénitien ne peut plus se passer sans souffrir.

146

Aux alentours de l'église de l'Archange Raphaël. Dans cette paroisse habitait le célèbre vénitien Francesco Guardi. A l'intérieur de l'église, un chef-d'œuvre du XVIIIe siècle : « Scènes de la vie de Tobie » de son frère Gian Antonio Guardi.

147

Un mur de vieilles pierres sur les pontons et au fond, l'église du Rédempteur. Cette église, qui fut construite après l'épidémie de peste en 1576, est un chef-d'œuvre d'Andrea Palladio.

148

Les moulins Stucky de l'île de la Giudecca. Ces magasins, aujourd'hui déserts, furent construits en 1884. Ils sont désormais inhérents au paysage vénitien.

149-150

Les pontons, le long du canal de la Giudecca où accostent les paquebots et où d'autres navires passent en direction du port industriel. Au fond, on voit l'église des Jésuites du XVIIIe siècle.

151

Des pêcheurs préparant leurs filets de pêche, dans un des canaux de la Giudecca, l'île qui est en face de Venise.

152

Canal de la Giudecca, avec au loin encore l'église des Jésuites qui fut construite par Giorgio Massari et dont le plafond a été décoré par Tiepolo et d'autres peintres.

153-154

« Bricole » illuminées dans les canaux de la lagune. Ces pieux qui limitent les chenaux sont particulièrement précieux durant la mauvaise saison quand le brouillard masque tous les autres points de repère : les bateaux avancent alors en longeant les « bricole », les cherchant l'un après l'autre.

155

La longue bande du Fondamenta Nuove qui regarde l'île de San Michele, le cimetière de la ville, est interrompue par trois ponts, dont le plus connu s'appelle : dei Mendicanti. Les deux autres sont le pont Panada et le pont Donà. L'image montre une partie de ce dernier qui donne sur le canal avec à droite, une extrémité de l'église des Jésuites et à gauche, le coin du palais Donà delle Rose.

carnaval, régates et fêtes

157 158

159 160

161 162

163 164 165

VEN ZIA
PAX TIBI MAR CE
EVAN GELIS TA MEUS

BUCINTORO
BUCINTORO

1

156-157-158-159-160

Le carnaval de Venise était particulièrement réputé. Il commençait déjà le 26 décembre et il était permis de porter le masque. Le carnaval devenait particulièrement frénétique les derniers jours et le jeudi gras, les réjouissances se centralisaient autour de la place Saint-Marc, en présence du doge, de plusieurs dignitaires et ambassadeurs. Tous les prétextes pour animer la fête étaient bons. Il ne faut pas oublier que Venise en avait fait une arme politique. Durant les périodes de sa décadence, lorsque la force militaire ne suffisait plus à intimider ses ennemis, Venise confia sa survivance à l'amitié et à la sympathie que sa séduisante hospitalité pouvait produire. Et le jeu dura longtemps. Aujourd'hui, le carnaval est encore une fête qui continue à être célébrée surtout par les jeunes.

161-162

La « Vogalonga », un prétexte pour se promener en bateaux dans la lagune comme au temps du « Sposalizio del mare » (mariage de la mer).
Elle correspond, ici à Venise, à un sport qui depuis quelques années fait fureur en Italie, celui de la marche à pieds collective. La « Vogalonga » fut fondée en 1975 et les Vénitiens y adhérèrent avec enthousiasme, retrouvant non seulement la joie de la rame, après l'envahissement de la motorisation, mais aussi le goût d'une nouvelle et authentique participation populaire.

163-164-165-166-167-168-169

Les régates des quatre Républiques maritimes qui ont lieu tous les quatre ans. Venise doit affronter les trois autres villes faisant partie des anciennes Républiques maritimes, c'est-à-dire Amalfi, Pise et Gènes. Les costumes proviennent de la garde-robe des théâtres mais même si les barbes sont fausses, les profils des dignitaires, des pages, des princesses révèlent des physionomies déjà rencontrées dans les peintures du passé.

170-171

Les couleurs et les bateaux sont toujours ceux d'antan. Pour les régates historiques on sort les « bissone » (grandes gondoles) qui font leur triomphale apparition seulement lors de ces fêtes.

172-173

Les régates historiques ont lieu le premier dimanche de septembre et comme le « Palio » de Sienne, il s'agit d'une fête intensément suivie par la population. Un extraordinaire décor de bateaux et de couleurs anime le Grand Canal comme dans les tableaux de Guardi et de Canaletto, et à cela, s'ajoutent la tension et l'émotion de la compétition. L'origine des régates est très ancienne. Les bateaux font le tour complet du Grand Canal en partant de la pointe de San Antonio de Castello. L'arrivée est devant le pavillon préparé sur des ponts de bateaux, au tournant du Canal entre les palais Foscari et Balbi. Les quatre premiers de chaque course arrivent avec des drapeaux de différentes couleurs : rouge, vert, bleu ciel, jaune.

174-175

Feux d'artifice durant la nuit du Rédempteur entre le samedi et le premier dimanche de juillet. Cette nuit-là, à Venise, personne ne dort et les bateaux remplis de monde voguent sur les eaux dans la chaleur de l'été jusqu'au moment où on savoure la fraîcheur de l'aube sur les plages du Lido.

176-177

Les loges du théâtre de la Fenice. De tous les théâtres de Venise, c'est celui qui est resté le plus beau. Construit en 1790 par G. Antonio Selva et restauré par les frères Meduna après l'incendie survenu en 1836, il est aujourd'hui, si ancien et d'une élégance incomparable, considéré comme un des théâtres les plus renommés du monde.

178-179-180-181-182

En 1975, eut lieu à Venise un spectacle inoubliable, celui de la « Danza'75 ». Y participèrent les plus prestigieux ballets du monde, tels que Martha Graham, le ballet du XXe siècle de Béjart, Roland Petit, le Rambert ballet, l'ensemble de la Scala, celui de Hambourg et d'autres encore.

lagune, îles et vallées

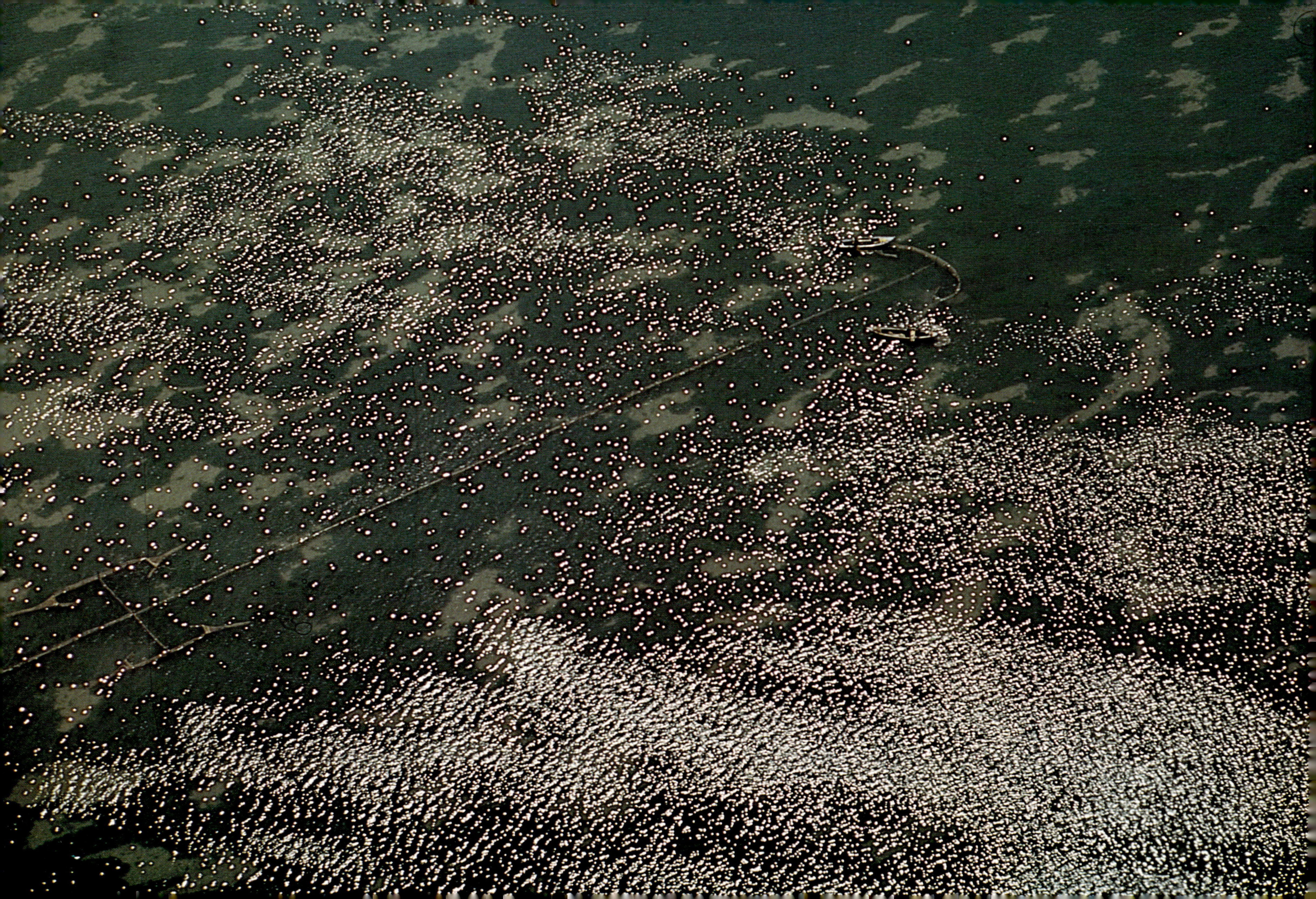

184 185 186

187 188

189 190 191

192 193 194

195 196

197 198

199 200

183

Pêcheurs et filets de pêche sur la lagune. La lagune est le milieu naturel sur lequel naquit Venise. C'est là que s'établirent ses premiers habitants.
Les îles, les rivages, les vallées, les lagunes, tout ce qui émerge et se dissipe à l'horizon, crée des échanges, des centres d'intérêts et des échappées avec un monde très ancien et encore authentique qui fait vivre Venise. Venise avec ses seuls touristes ne serait pas ce qu'elle est ; il lui faut aussi ses pêcheurs et leur franchise paysanne qui confèrent à cette ville riche de mille chefs-d'œuvre ce qu'elle a d'unique.

184

Torcello, vu de la lagune d'Altino. Il existe encore des zones et des îles de la Lagune qui conservent la plus totale pureté. Là où aujourd'hui, s'étale la campagne d'Altino, se trouvait autrefois une ville romaine. Ce furent ses réfugiés, fuyant les envahisseurs, qui fondèrent Torcello, plus stable parce que protégée des eaux. Ainsi naquit un jour Venise. L'itinéraire qui mène à Torcello semble s'enfoncer dans le passé pour nous laisser imaginer le début de la vie des îles et de l'histoire de Venise lorsque la ville n'existait pas encore.

185

L'église S. Fosca, à Torcello, vue du trône légendaire d'Attila. Ce siège en pierre, représenté de dos sur la photo, servait probablement aux tribuns de l'île pour rendre la justice. Son côté rustique nous donne un aperçu de l'ordre patriarcal qui devait régner là, dans la simplicité de la nature qui domine sur cette île. L'église S. Fosca, du XIIe siècle, par son élégante forme byzantine nous rappelle l'antique splendeur de Torcello.

186

L'intérieur de l'église S. Marie, le dôme de Torcello. Cette église, comme en témoigne une pierre tombale, fut fondée sur l'ordre de l'exarque Isaaccio, en 639 et est donc la plus ancienne église de l'estuaire. Lorsque Venise n'existait pas encore, Torcello était florissante, habitée par des réfugiés de Vénétie et liée administrativement et politiquement à Ravenne. Les mosaïques qui resplendissent dans son abside rappellent celles de Saint-Marc. A côté des mosaïques, luisent les marbres du pavement.

187

L'île S. Spirito, avec ses campements militaires, est réduite à l'abandon. Dans le temps, il s'y trouvait une très riche église, qui fut reconstruite par Sansovino, avec des peintures du Titien et de Salviati qui sont à présent conservées dans la sacristie de S. Maria della Salute.

188

L'île S. Lazzaro des Arméniens. Elle servit, pendant un certain temps, de refuge pour les pauvres lépreux et à partir de 1717, devint le siège d'une communauté arménienne. Lord Byron y séjourna et y laissa quelques souvenirs. L'église et les grandes pièces du monastère sont riches en œuvres d'art de Sébastiano Ricci, de Tiepolo, de Diziani, de Canaletto, etc.

189

Le centre de Murano. Murano fut, avant de devenir le centre de la verrerie, une île pleine de belles demeures et de jardins. La splendide église de S. Maria et S. Donato, du XIIe siècle, témoigne de sa dignité d'antan.

190-191

Cela fait des siècles que Murano se distingue par son activité verrière. Encore aujourd'hui, elle mène une vie florissante grâce à ces industries artisanales qui firent sa grande réputation et lancèrent l'économie de Venise dans le monde. Sans doute est-ce là une vocation qui convient aux couleurs vénitiennes, à ses traditions raffinées, à l'élégance de son mode de vie et à cette précieuse légèreté que Venise reçut de ses origines antiques, de Ravenne et d'Orient.

192-193

Enfants de Burano. Si Murano est connue pour ses verreries, Burano l'est pour ses dentelles, un art également lié à la transparence et à l'imagination, qui définissent la tradition artistique de Venise.

194

Burano, l'île des dentelles et des pêcheurs et, depuis 1900, d'une école de peintres qui ont voulu redécouvrir une liberté d'inspiration qu'il leur semblait impossible

d'atteindre ailleurs. Ainsi à Burano, séjournent Gino Rossi, Semeghini, Luigi Scopinich, Vellani Marchi, Umberto Moggioli, etc.
Encore aujourd'hui, Burano impressionne fortement par la cohérence de son architecture humble et vivace.

195

La « peocera ». C'est un vivier où on cultive ces moules que les Vénitiens appellent « peoci ».

196

Vallées de pêche sur les bords de la terre ferme. Pour un rendement économique supérieur de l'élevage des poissons ainsi que pour pallier au dépeuplement de la proche campagne, on s'efforce aujourd'hui de mettre en valeur les vallées.

197-198

L'île de Pellestrina, le long du littoral vers Chioggia. Il s'agit d'une étroite langue de terre séparant la mer de la lagune que des gigantesques digues (i murazzi) réalisées par la République vénitienne durant le dernier siècle de son histoire, protègent de la mer démontée l'empêchant de dépasser ce seuil fragile et d'envahir la lagune.

199-200-201

Chiogga se trouve à la limite méridionale de la lagune. Elle eut des privilèges particuliers sous la domination vénitienne. Elle fut toujours fidèle à Venise et subit une destruction radicale de la part des Génois, durant la guerre de 1378-1380. C'est un important centre de pêche et cette activité marque naturellement son apparence et le caractère de sa population. Mais c'est aussi un centre très ancien qui possède un style architectural unique en son genre. Chioggia a développé, dans ses traditions et dans la mentalité de ses habitants ainsi que dans son dialecte, une originalité singulière.

vivre venise

Redécouvrir par des images sa propre ville, pour la troisième fois depuis une vingtaine d'années, est une entreprise difficile, presque impossible. De quoi décourager, de toute façon. «Venise à fleur d'eau» est paru en 1954, «Venise hier et demain» date de 1973. Ces deux expériences furent presque entièrement consacrées au noir et blanc; ce livre-ci a été une authentique aventure de la couleur que je mis deux ans à réaliser.
La réalité de Venise devait être revue et observée, jour après jour, avec le risque toujours présent de ne pas la «voir» ou de mal la «voir», ce qui est encore pire. Mais une chose me parut tout de suite claire et nécessaire: je devais oublier le noir et blanc pour

me concentrer uniquement sur la couleur, c'est-à-dire «penser» et «voir» seulement en kodachrome. Si l'on considère le noir et blanc comme une ligne, la couleur est une ligne plus un volume. L'essentiel pour un photographe est d'être un observateur, c'est-à-dire quelqu'un qui «voit» ce que les autres se limitent uniquement à «regarder». Les énormes possibilités de la photographie dérivent justement de cette contrainte à voir et à apprendre par images. Pour moi, chaque livre et chaque reportage est une sorte d'examen. Je suis prisonnier de la nécessité de continuellement esquisser des projets. Je suis toujours occupé à photographier, quand je parle, quand je voyage, quand je reste silencieux. La photographie n'est pas une profession, c'est une manière de vivre. Le format du livre n'a pas été choisi au hasard: il correspond exactement à l'agrandissement du 24×36. De plus, j'ai pris en considération le fait que dans un livre la double page est une rupture optique; le choix ne pouvait donc être différent. Les notes techniques sont superflues car je n'ai jamais utilisé aucun truc, aucun filtre. J'ai toujours usé et abusé du Leica R3 avec le nouvel objectif Summicron 50 qui offre des possibilités extraordinaires. J'ai aussi utilisé le Summilux 35 monté sur le Leica M4-2 et le Summicron 90. La première et la dernière image du livre sont les seules qui aient été réalisées avec le télé-objectif Telyt 560.

Fulvio Roiter

Imprimé par les Grafiche LEMA - Maniago/PN/Italie
Novembre 1978

Layout: Fulvio Roiter avec la collaboration
de Enrico Mazzoli, Edoardo Borean, Gilberto Brun

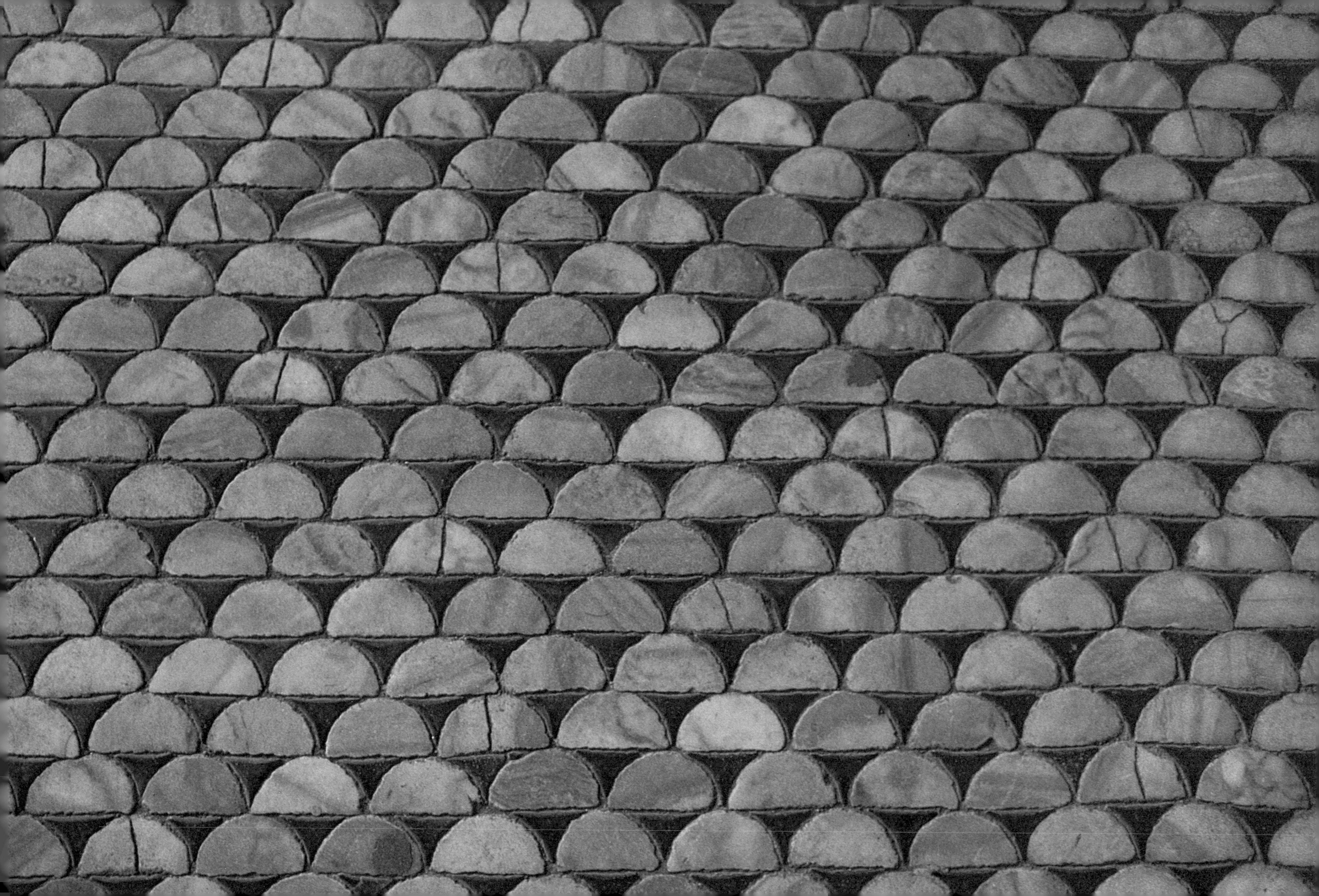